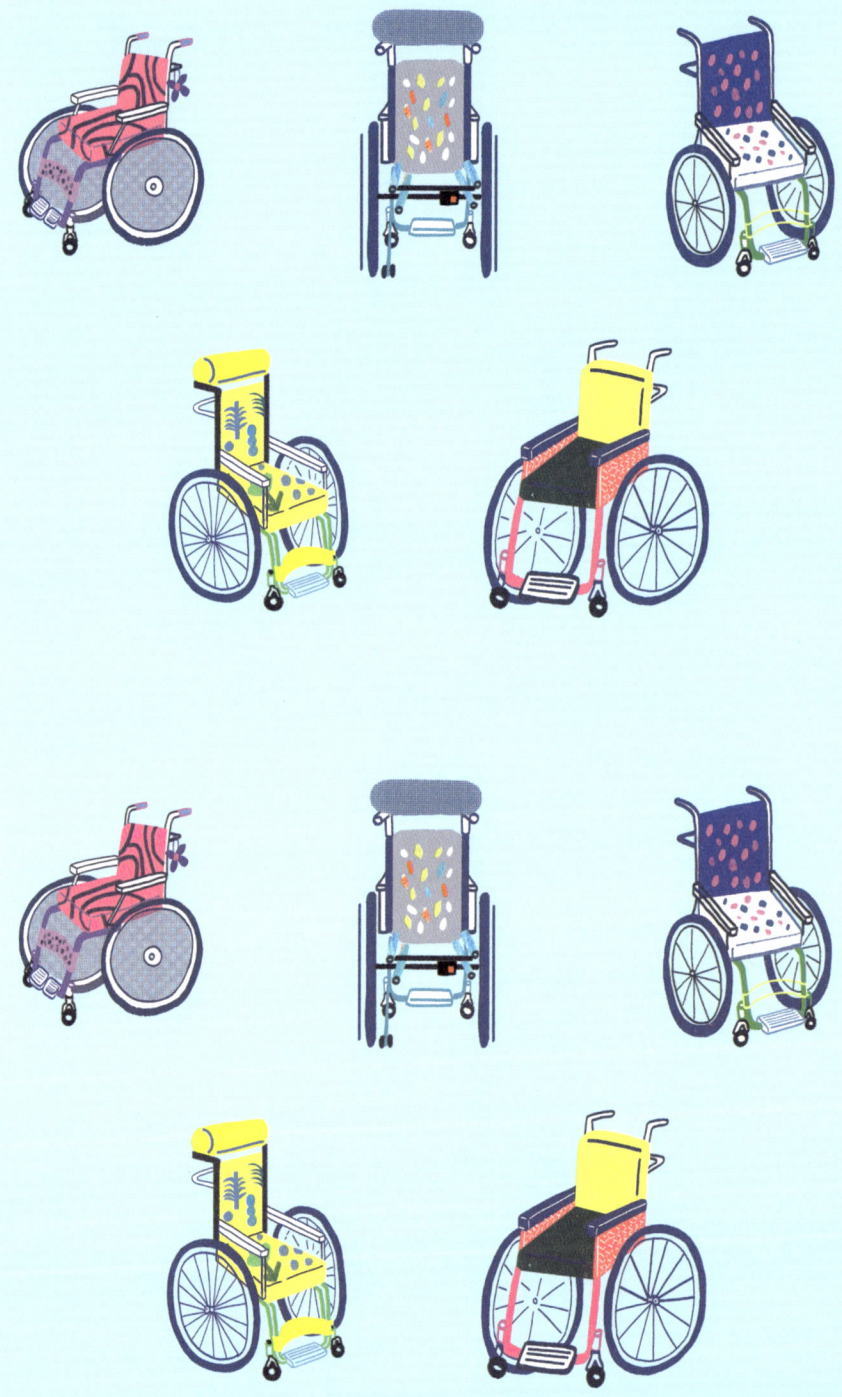

오늘도 구르는 중

휠체어 위 유쾌한 구르님의 단단한 일상

김지우 글 | 이해정 그림

풀빛

 차례

너에게 건네는 인사 4

숨은그림찾기? 아니, 갈 수 있는 학교 찾기 16

장애는 틀린 것도, 나쁜 것도 아니야 32

우당탕탕 학교생활 46

학교 바깥은 어떨까? 76

내 삶은 그렇지 않아요 92

너에게 건네는 작별 인사 108

작가의 말 118

너에게 건네는 인사

숨을 크게 들이쉬고, 쿵쾅쿵쾅 뛰어 대는 가슴을
축축해진 손바닥으로 그러쥐고, 하나 둘, 셋…

처음 건네는 인사는 언제나 떨려. '어떻게 해야 나를 잘 보여 줄 수 있을까?' 하는 생각에 머리가 복잡해지거든. 너도 그렇니?

그래도 이렇게 만났으니까, 나를 잘 소개해 볼게.

내 소개를 듣고 있을 네게 부탁할 게 하나 있어! 천천히 내가 좋아하는 것과 싫어하는 것을 이야기할 테니, 내 소개를 들으면서 머릿속으로 내 모습을 천천히 그려 봐. 스무고개를 하는 것처럼 내가 어떤 사람인지 알아맞혀 보는 것도 재미있을 거야! 서로를 잘 알게 되면 우리는 더 친해질 수 있을 테니까.

나는 밝고 활발한 성격이야.

　키는 작아도 체력과 힘은 작지 않지. 늘 우당탕탕 교실과 복도를 뒤집고 다니는 탓에 내가 나타나면 다들 금방 눈치채고 말아. 달리는 걸 좋아해서 학교 복도에서 쌩쌩 달리다가 혼이 난 적도 있어.

　제일 좋아하는 운동은 피구야. 자주 덤벙대는 탓에 팔꿈치나 무릎이 늘 까져 있지만, 괜찮아! 넘어지면 아무렇지 않게 툭툭 털고 일어나 또 움직이면 되거든.

취미는 글쓰기와 만화 그리기야.

내 만화 공책은 벌써 다섯 권이나 돼. 원한다면 너도 만화책에 출연시켜 줄게!

가장 좋아하는 과목은 과학, 가장 어려워하는 과목은 음악이야.

내가 악기를 연주하면 주변 사람들이 얼굴을 찡그리며 귀를 막아. 그래도 노래 듣는 건 좋아해!

너는 무얼 잘하고 무얼 못하는지도 궁금하다.

또... 동물을 좋아해서

수의사가 되고 싶어.

하지만 되고 싶은 모습을 딱 정해 둔 건 아니야. 하루에도 수십 번 되고 싶은 게 바뀌거든. 커서 어떤 사람이 될지는 모르지만, 어떤 어른이 되든 아프고 외로운 사람들과 동물들을 돌보는 직업을 갖고 싶어. 너의 꿈은 뭐야?

벌써 우르르 내 이야기를 꺼내 둔 것 같네! 네가 상상한 내 모습은 어떻니? 천방지축에, 시끌벅적하고, 온종일 뛰어다니는 그런 모습? 코에는 반창고를 붙이고 있고, 활짝 웃는 모습이 잘 어울리는 모습? 때때로 조용히 책상에 앉아 무언가 그리고 있는 모습?

아마 어느 정도는 맞고, 어느 정도는 다를 거야. 너는 어떤 것을 좋아하고, 싫어하니? 네 모습은 어떻니? 궁금한 게 자꾸 늘어가. 우린 함께하면 더 많은 것을 알게 될 거야. 같은 점이 많아도 좋겠지만, 다른 점이 많아도 색다른 것들을 함께할 수 있어서 좋아. 완전히 같지 않다는 건 이런 점에서 좋지.

그럼 이제 내 모습을 드러낼 때가 되었네.

아, 맞다! 이걸 까먹을 뻔했다.
나는 휠체어를 타고 있어.

'뇌성 마비'라는 장애를 가지고 있거든.

　뇌성 마비가 뭐냐고? 우리 뇌는 여러 가지 일을 담당하는데 그중 주로 운동을 담당하는 부분에 손상이 있을 때 생기는 장애를 뇌성 마비라고 해. 어릴 때부터 가지고 있는 장애였는데, 왜 가지게 되었는지는 잘 몰라. 그게 나한테는 그렇게 중요한 문제가 아니거든.
　걸을 수는 있지만, 곧잘 넘어지고 지쳐서 밖에서는 휠체어를 타고 다녀. 근육이 뻣뻣하게 굳는 '강직'이 있어서 긴장하거나 놀라면 몸이 경직되기도 해. 하려는 동작이 잘 안 될 때도 있고, 이리저리 다리나 팔이 뻗어지기도 해. 걸음걸이를 보면 멀리서 봐도 나인지 금방 알 거야. 넘어가지 않으려고 이리저리 비틀거리면서 균형을 잡지.

아까 내가 한 자기소개를 듣고 상상했던 모습을 다시 떠올려 봐. 혹시 나를 상상하던 그림이 달라졌니?

특징이 더해질 때마다 네 상상 속 나는 조금씩 달라졌겠지만 '장애'라는 특징이 더해졌다고 해서 내가 완전히 뒤바뀌는 건 아니야. 여전히 시끌벅적하고, 피구를 좋아하는 아이야(보디가드 피구에서는 나를 따라올 사람이 없어. 모두가 내 휠체어 뒤로 숨거든!).

휠체어를 타고 쌩쌩 달리는 것을 좋아하고…

여전히 시끌벅적하고, 피구를 좋아하는 아이야.

글쓰기와 과학을 좋아하는 아이이기도 하지.

너와 네 짝꿍이 성격이 다른 것처럼 나도 다른 점들이 있어. 우리는 다르기 때문에 서로를 이해할 수 있는 것이 아닐까? 완전히 같으면 이해할 필요도 없을 테니까.

누구는 키가 크고 누구는 키가 작고, 누구는 곱슬머리이고 누구는 주근깨가 있고 누구는 안경을 쓰고 누구는 보청기를 끼지. 우리는 자신의 경험을 바탕으로 세상을 바라봐. 100명의 아이가 있다면 100개의 세상이 있는 것이지.

우리, 서로의 경험을 나눠 보면 어떨까? 네가 '너'일 때는 볼 수 없었던 것들을 많이 발견하게 될지도 몰라. 우리가 친구가 되려면 어떤 것이 더 필요한지도 알 수 있을 거고 문제가 되는 것은 직접 바꿔 볼 수도 있겠지.

우리, 좋은 친구가 되어 보지 않을래?

숨은그림찾기?
아니,
갈 수 있는
학교 찾기

떨리는 자기소개를 마쳤으니, 이제 조금 더 많이 나에 대한 이야기를 해 보려 해. 내 일상은 너와 얼마나 같고, 다를까? 같기 때문에 공감되는 이야기가 있을 수도, 다르기 때문에 재미있는 이야기들이 있을지도 몰라.

나는 산 중턱에 있는 초등학교를 다니고 있어. 4학년 7반이야! 우리 학교는 아주 크진 않지만, 다양한 아이들이 엄청 많아(아이들이 다 똑같은 게 더 이상하려나?). 축구를 아주 잘하는 서연이, 달리기가 정말 빠른 하진이, 재미있는 만화를 잘 그리는 아윤이…. 그런데 휠체어를 탄 사람은 나뿐이야.

지금은 그 사실이 어색하지 않아. 하지만 학교에 처음 입학했을 때는 정말 아찔했어! 너는 학교에 처음 입학했을 때가 기억나? 나는 아직도 갓 입학한 아이들의 기대와 설렘이 가득했던 강당이 기억나. 사실 그 속에서 기대되면서도 긴장으로 심장이 쿵쿵 뛰었어. 아무리 주위를 둘러봐도 휠체어 탄 아이가 없었거든. 심지어 휠체어 탄 내가 신기한지 흘끔흘끔 쳐다보는 친구들도 있었어. 앞으로 잘 다닐 수 있을까 불안했지만, 입술을 꾹 다물고 씩씩한 척하기로 했지.

이상한 일이야. 장애를 가진 사람은 점점 늘고 있는데, 아직도 학교나 길거리에서 장애를 가진 사람은 쉽게 볼 수 없으니까. 장애가 있는 내 친구들은 다들 어디에 있을까?

갑자기 입학할 때쯤의 기억들이 떠올랐어.

"엄마랑 아빠, 교장 선생님 만나고 올게!"

벌써 네 번째야! 어린 나는 볼멘소리를 하며 바닥에서 뒹굴댔어. 내가 학교에 가기로 한 날부터 엄마 아빠가(가끔은 나도) 엄청나게 분주해지기 시작했거든. 나랑 같이 우리 동네에 있는 모든 초등학교에 가 보고(심지어 어떤 날은 줄자를 들고 갔다니까!), 아직 갈지 안 갈지도 모르는 학교의 교장 선생님과 면담을 하기도 했어.

내가 편하게 다닐 수 있는 학교를 찾기 위해서 그렇대. 어느 학교는 너무 높은 산꼭대기에 있었고, 어느 학교는 엘리베이터가 없었지. 어느 학교는 장애인 화장실이 없었고, 어느 학교는 급식실로 가는 길이 계단이었어. 다닐 수 있는 학교를 찾는 것부터가 마치 아주 어려운 숨은그림찾기를 하는 것 같았어.

원래 입학이라는 게 이렇게 어려운 건가? 어젯밤에는 두 분이 이렇게 대화하는 것을 듣기도 했어.

장애인 화장실

경사로

교실문턱 ✗

엘리베이터

좋은 선생님

"오늘 가 본 곳은 오래된 학교라 그런지 조금 시설이 불편해 보였어요. 엘리베이터도 너무 구석에 있고…."

"그렇지만 화장실은 넓은 칸이 층별로 있더라고요. 교실 문턱도 없고요."

"그건 맞아요. 교장 선생님도 온화해 보이셨어요. 이번에 다른 엄마한테서 들은 건데, 다른 학교 면담을 갔다가 '교외 활동에서는 아이를 책임질 수 없으니 보호자분이 때때로 함께 등교해야 한다.'고 했다네요. 결국 그 집 아버지가 일을 그만두신다고…."

이렇게 학교 가기가 힘들어서야! 어젯밤의 대화를 다시 떠올리다가 나는 입을 삐죽대며 엄마 아빠가 오기를 기다렸어. '도대체 교장 선생님은 얼마나 바쁜

직업인 거지? 입학하는 아이들의 보호자를 모두 만나려면 하루 온종일을 다 써도 시간이 모자랄 거야!' 하는 생각을 했지.

바닥에 배를 깔고 누워서, 좋아하는 책을 읽었어. 책을 다 읽어도 엄마 아빠가 오지 않아서 텔레비전을 켰어. 재미있는 것도 안 하고… 관심 없는 뉴스 방송을 보다가 나도 모르게 깜빡 잠이 들었어. 그러다가 어렴풋이 들리는 현관문 도어락 소리, 그리고 흐트러진 머리칼을 살짝 넘기는 엄마의 손길에 눈을 떴지.

"엄마 오래 기다렸어?"

"네. 면담은 잘하고 오셨어요? 학교에 사람 엄청 많지 않아요?"

"응? 아직 여름 방학이 안 끝나서 사람은 많이 없었어."

"엄마랑 아빠만 학교 간 거예요?"

"그렇지?"

이럴 수가! 나는 그때까지 모든 사람이 교장 선생님과 면담을 해야 입학을 할 수 있는 줄 알았어. 그런데 그게 아니었다니!

입학을 하고 보니 이제는 알겠어. 난 다른 친구들이랑 필요한 게 다르니까, 미리 준비를 시작해야 했던 거지.

"나는 저번 주에 갔던 OO 초등학교가 좋아요. 단짝 친구도 거기 갈 것 같다고 했거든요."

"그래, 우리 하나하나 잘 생각해 보자."

엄마는 웃으면서 내 머리를 쓰다듬어 주셨어. 그러다가 텔레비전 화면으로 눈을 옮기셨지. 뉴스 같기도 하고 영화 소개 같기도 했는데, 그걸 보는 엄마의 표정이 점점 어두워졌어. 작게 한숨을 쉬시기도 하고.

무슨 일이지? 하며 텔레비전으로 눈을 돌렸는데, 빨간색 글씨로 현수막이 걸려 있는 모습과 여러 사람이 말싸움하는 모습이 뉴스에서 나오고 있었어.

"특… 수 학교 결사… 반대…."

글자를 읽을 줄 알게 돼서 화면에서 빠르게 지나가는 현수막을 읽어 보았어. 말들은 어려웠지만, 안 좋은 뜻이라는 건 느껴졌어.

"엄마, 저 사람들은 왜 싸우는 거예요?"

엄마는 속상해하는 표정으로 대답했지.

"장애 학생들을 위한 학교를 지으려는데, 자기가 사는 동네에 학교 짓는 걸 반대하는 사람들도 있어서 그래."

"학교를 왜 짓는데요?"

"학교는 새로운 친구들도 만나고, 함께 지내는 법을 배우기도 하고, 공부도 하는 곳이지? 아이들에게 꼭 필요한 시설인데도, 장애가 있는 학생이 편히 다닐 수 있는 학교는 많이 없거든. 어떤 언니 오빠들은 학교에 가려고 아침에 세 시간씩 버스를 타기도 한대. 그래서 지으려고 하는 거야."

"그런데 내가 다닐 학교에 저런 말을 하는 사람이 있으면 슬플 것 같아요."

"서로 더 깊이 이야기하고 이해할 시간이 있으면 좋겠는데, 그렇지?"

엄마는 그렇게 말하면서 다시 텔레비전 화면으로 눈을 돌리셨어. 어떤 엄마들이 무릎을 꿇는 장면도 나왔는데, 그걸 보는 우리 엄마의 눈망울이 조금 반짝이는 것 같았어. 엄마가 울 것 같아서, 나는 엄마의 무릎을 꼬옥 안아 주면서 이렇게 말했어.

"엄마, 그런데 나는 모든 학교가 모든 어린이들에게 편했으면 좋겠어요. 그러면 따로 다른 학교를 다니지 않고 다 같이 놀 수 있잖아요."

엄마가 커진 눈으로 천천히 나를 쳐다봤어. 그리고 엎드려 있던 나를 웃으며 꼭 껴안았지. 엄마의 눈이

찌그러지면서, 내 이마에 따뜻한 눈물 방울이 떨어졌어. 나도 엄마를 안아 주었어. 그러면서 학교에 가는 나와 다른 친구들을 상상했어. 엄마랑 아빠가 종일 학

교를 돌아다니지 않아도, 다른 엄마들이 새로 학교를 짓기 위해 울지 않아도 편히 학교에 가는 모든 어린이를 말야.

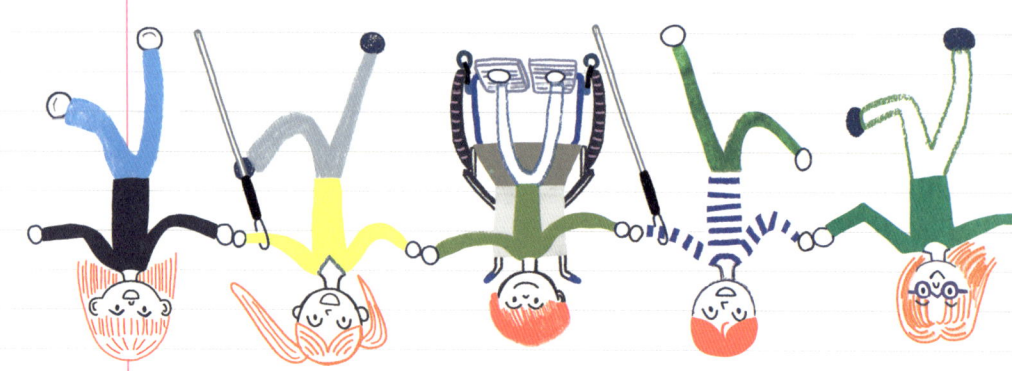

 열심히 학교를 찾아본 후에, 나는 다니기 편한 학교에 입학할 수 있었어. 좋은 선생님과 친구들도 만나 이제는 어엿한 4학년 어린이가 되었지.
 하지만 입학할 때를 다시 생각해 보면 정말 어려운 일이 많았어. 내가 다닐 수 있는 학교가 근처에 없었더라면, 등하교를 도와주실 활동 지원 선생님을 만날 수 없었더라면,

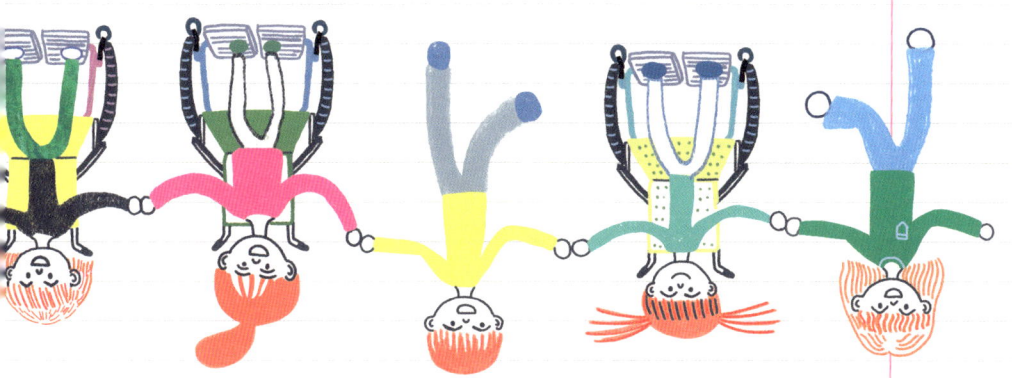

애초에 아주 먼 곳에만 학교가 있었더라면 어땠을까 하는 생각이 들면 오싹한 기분이 돼. 지금도 그런 상황에 놓인 친구들이 있진 않을까 걱정되기도 하고 말이야.

모든 어린이에게 학교에 입학하는 게 당연하고 쉬운 일이 되었으면 좋겠어. 물론 즐거운 학교생활을 하는 것도!

너는 장애인처럼 안 보여.
장애인은 안 해도 돼.

**틀린 것도,
것도 아니야**

어려웠던 입학은 싹 잊은 것처럼, 지금은 다정한 선생님과 착하고 재미있는 친구들 속에서 즐겁게 학교를 다니고 있어. 내겐 마법의 문장이 있거든.

"휠체어 밀어 볼래?!"

휠체어를 미는 법 마흔여덟 가지를 만들어서 가장 안전하고 멋지게 미는 친구에게 '운전 면허증'을 만들어 주기도 했다니까.

그런데 말이야, 아직도 가끔 고민이 생겨. 다른 건 틀린 게 아니라고 배웠는데, 아직도 조금 다른 나를 이상하게 여기는 아이들이 있거든. 특히 다른 반 아이들은 나를 보면 한 번씩 더 돌아보거나, 동물원의 동물처럼 손가락질하며 "장애인이다!"라고 속삭이기도 해. 못 들은 척하려고 노력하지만, 귀가 빨개지는 걸 막는 건 너무 어려운 일이야.

이건 누구의 잘못도 아니고, 그냥 다른 거잖아. 걷는 방법이 서로 다른 것처럼 말이야.

내 짝꿍은 종종걸음으로 걷고, 담임 선생님은 터벅터벅 걷고, 회장은 걸음이 아주 빠른 것처럼 나는 그냥 휠체어를 타고 이동할 뿐이야. 누군가는 바퀴 달린 운동화를 신기도 하고, 누군가는 인라인스케이트를 타는 것하고 비슷하다고 생각했어. 그렇게 생각하니 휠체어를 타는 게 그렇게 부끄럽거나 싫지 않았어. 오히려 당당해지려고 했지!

그런 나도 피해 가지 못하는 일이 있는데….

새 학기 첫날에는 아주 긴장돼. 휠체어가 등장하면 시선이 집중되거든.

가끔씩 내게 와서 이렇게 물어보는 친구들도 있어.

"왜 다쳤어?"
(다친 게 아니야!)

"왜 장애인이 됐어?"
(나도 잘 몰라….)

"언제 나아?"
(장애는 낫는 게 아니랬어!)

"밥 먹는 건 엄마가 도와줘? 샤워하는 건? 화장실 가는 건?"
(처음 본 사람에게 그런 걸 말하고 싶지 않아!)

관심을 가져 주는 건 고맙지만, 대답하기 싫거나 곤란한 질문을 마주치면 당황하기도 해. 그럴 때면 그냥 슬쩍 눈을 굴리면서 "몰라?" 하고 넘어가기도 하고, "너는?" 하고 질문을 돌려주기도 해. 답하기 싫은 질문에 모두 대답하지는 않아도 되니까!

처음에는 나를 신기해하며 쳐다보던 친구들도, 하루가 지나고, 일주일이 지나고, 한 달이 지나면 더는 신기하게 생각하지 않아. 같은 반이라면 같은 교실에서 수업을 듣고, 같이 노는 건 당연하잖아! 도와줘야 할까 말아야 할까, 걱정스런 눈빛으로 날 쳐다보던 친구들도 이젠 내가 뭘 할 수 있는지, 언제 도움이 필요한지 금세 알아채. 나도 내가 할 수 있는 일들은 모두 하려고 노력하고, 도움이 필요하면 부끄러워하지 않고 도와달라고 말하려고 노력해. 그렇게 우린 자연스럽게 서로를 알아 가.

그런데 이럴 때는 아직도 깜짝깜짝 놀라곤 해.

"야, 이 장애인아!"

복도 저 끝에서 누군가가 이렇게 소리쳤어. 나는 깜짝 놀라서 그쪽을 쳐다봤지. 장애인이라니, 나를 두고 하는 말일까? 다행히도 그건 아니었어. 자기들끼리 장난치던 남자아이들이 서로를 놀리면서 하는 말이었거든.

그런데… 나는 조금 속상해졌어. 나한테 하는 말도 아닌데 왜 기분이 나쁠까?

　사실, '장애인'이라는 말이 좀 싫었던 적도 있어. 아이들이 나쁜 말로 자꾸만 쓰니까. 들을 때마다 깜짝 놀라기도 하고, '장애인'이라고 불릴 때면 나쁜 뜻이 아닌데도 기분이 나빠질 때도 있어. 그러니 그 말을 듣고 기분이 좋을 리 없었지.

　조금 시무룩해진 나는 조용히 교실로 돌아와 앉았어. 그때 가장 친한 친구인 우리가 다가와 물었어.

　"무슨 일 있어?"

　"애들이 '장애인아!'라고 하면서 노는 걸 들었어. 그 말을 들으면 나한테 말하는 게 아닌 걸 아는데도 기분이 나빠."

　우리는 음… 하면서 눈썹을 찡그리다가 이렇게 말했어.

　"나를 부르는 이름을 나쁜 말로 쓰면 누구나 기분

야, 이 장애인아!

이 나쁘지 않을까? 다른 애한테 '이 김우리 같은 게!'라고 말하면 나도 기분이 나쁠 것 같아."

　우리의 말에 고개를 끄덕였어. 맞아. 내가 싫어해야 하는 건 '장애인'이

라는 이름이 아니라 그 이름을 욕으로 사용하는 사람들의 말인 거야.

　나는 장애를 가지고 있고, 그게 내 몸이야. 이 몸은 내가 잘못해서 생긴 것도, 누군가가 나빠서 생긴 것도 아니고 그냥 내 몸이지. 그 몸을 부르는 이름이 '장애'에 '사람 인'을 붙인 '장애인'인 거야.

그렇게 생각하니까 장애인이라는 이름이 나쁘지 않게 느껴졌어. 더 멋진 이름이 생긴다면 그렇게 불리는 것도 좋지만, 지금의 이름을 싫어하지 않아도 될 것 같아. 이 이름을 나쁘게 만드는 건 그걸 잘못 사용하는 사람들이니까. 그냥 다른 것뿐이지, 누가 잘못했거나 틀려서 이 이름을 쓰는 건 아니잖아.

그러던 어느 날이었어. 만들기 시간이었지. 내 짝꿍은 손재주가 정말 좋아. 어려운 만들기도 뚝딱뚝딱 해내곤 했지. 나는 손이 느리고 힘이 약해서 종종 우스꽝스러운 완성품이 나오고 말아. 그렇지만 나 말고도 웃긴 결과물을 내는 아이들이 있어서, 우리는 서로의 것을 보면서 낄낄대고 있었어. 그런데 그때였어.

"아, 진짜 웃겨. 장애인이냐?"

어떤 친구가 이렇게 말하고 만 거야. 심지어 나한테 말이지!

내 당황한 얼굴을 본 다른 친구들 때문에 잠시 침묵이 흘렀어. 그 친구가 정말 내 장애에 대해 이야기한 건 아니고, 이미 '장애인이냐?'라는 말이 버릇처럼 되어 버려서 그 말이 튀어나오고 만 거야.

나는 잠깐 고민하다가 이렇게 말했어.

"응, 나 장애인 맞아! 넌 누군데?"

태연스레 장난을 당당히 받아친 내 말에 옆 짝꿍은 피식 웃음을 터뜨렸어. 습관처럼 그 말을 내뱉은 친구는 조금 민망한지 뒷머리를 긁적였지.

이 일을 보니 어때? 혹시 너도 주변에 누군가의 특징을 욕설로 사용하는 친구가 있니? 이런 말들은 내뱉을 때는 재미있어 보일지라도, 누군가에겐 상처를 줄 수 있다는 걸 모두가 알았으면 좋겠어. 상처를 주는 것을 넘어서, 누군가의 개성을 부정하고, 때로는 그 사람을 숨게 만들어 버릴 수도 있는 무시무시한 일이라는 걸 말이야.

나는 이제 이런 장난에는 속상해하지 않기로 했어. 남들과 다르다는 게 놀림거리가 될 수는 없다는 것을 알았거든. 설령 누군가 나를 놀린다고 해도, 그건 절대 내 잘못이 아니라는 것도 알아. 우리는 모두 다른 것뿐이고, 다르다고 해서 틀린 건 절대 아니니까. 오히려 한 가지 색만 있는 그림은 재미 없는 것처럼, 모두 다르다는 건 알록달록 다채로운 그림을 그리는 일 같은 거 아닐까? 그러니까 나는, 내 이름을 다시 찾아올 거야!

학교생활

너는 어디서 가장 많은 시간을 보내? 나는 학교에서 가장 많은 시간을 보내. 학교는 공부하는 곳이기도 하지만 다양한 활동을 통해 다른 사람과 어떻게 살아가는지 배우는 곳이기도 해.

학교에서 하는 어떤 활동을 제일 좋아해? 국어 시간, 체육 시간, 아니면 체험 학습, 장기 자랑, 수련회, 생일 파티…. 나는 생각나는 게 너무 많아!

모두 재밌고 즐거운 시간이지만, 다른 친구들과 다르게 더 많은 고민을 해야 할 때가 생겨. '내 휠체어로 함께 갈 수 있을까?', '나는 다른 친구들보다 느릴 텐데, 이상하게 생각하진 않을까?', '한번도 배운 적 없는 운동인데, 따라 할 수 있을까?'

씩씩하게 다른 친구들이 하는 건 모두 해 보는 나지만, 시작 전에 걱정이 생기는 건 어쩔 수 없어. 우리의 일상은 굉장히 당연해 보이지만, 누군가에게는 전혀 당연하지 않거든.

많은 일들이 장애가 없는 친구들에게 맞춰져 있기 때문이야. 당연하게 학교에 걸어가고, 당연하게 밥을 먹으러 줄을 서고, 당연하게 체육 수업을 듣고, 당연하게 버스를 타고 소풍을 가는 것 같지만 그럴 때마다 나는 남들보다 뒤에 있거나, 아예 참여하지 못할 때도 있어.

　그런 순간들마다 일기를 썼어. 너와 다른 내 일상을 같이 들여다볼래?

5월 24일 금요일, 체험 학습

우리 반 모두 체험 학습을 하러 대공원에 갔어. 너는 체험 학습 전에 무슨 생각을 제일 많이 해? 어떻게 하면 제일 멋지게 옷을 입을 수 있을지, 도시락은 어떤 걸 싸 갈지, 어떤 글을 쓸지를 고민할 수도 있겠다.

물론 나도 그런 고민을 해. 그런데 조금 다른 고민도 함께 생겨. 그건 바로… '내 휠체어가 잘 갈 수 있을까?' 하는 거야.

소풍이나 수련회를 갈 때 가서 무얼 할지가 아니라, 거길 갈 수 있을지 고민해 본 적이 있어? 난 항상 그래.

드디어 소풍날! 커다란 버스가 학교 운동장에서 우리를 기다리고 있었어. 버스를 타려는데… 이런! 버스 출입구에는 계단뿐이었어. '어쩌지?' 하고 망설이고 있는데, 우리 반에서 가장 키가 큰 사랑이가 나를 업어 주었어. 학교생활을 함께하며 여러 활동을 도와주시는 활동 지원 선생님은 내 휠체어를 접어서 버스 트렁크에 넣어 주셨지.

버스에 탈 수 있어서 다행이었지만, 나도 도움 없이 친구들과 함께 버스에 타고 싶었어. 늘 사랑이한테 업힐 수는 없으니까. 버스에 경사로가 있다면 나도 혼자 버스에 오를 수 있을 텐데.

공원에 도착해서도 그랬어. 우리 반 모두가 한 줄로 서서 길을 가는데 갑자기 앞에 계단이 나온 거야! 아이들은 아무렇지 않게 척척척 올라갔지만 나는 줄 맨 뒤에서 함께 가다가 멈춰 설 수밖에 없었지.

계단 주변을 이리저리 둘러보니 저 멀리 돌아가는 길이 보였어. 결국 활동 지원 선생님이랑 함께 계단을 빙 돌아가야 했지. 아이들은 이미 저만치 간 뒤였어. 계단 옆에 경사로가 있다면, 아니면 돌아가는 길이 잘 표시되어 있다면, 애초에 모든 길이 계단이 아니라 경사로라면 얼마나 좋을까? 나도 친구들과 나란히 선 줄 사이에서 떠들면서 소풍을 즐기고 싶다는 생각이 들었어.

그래도 도착한 후에는, 탁 트인 들판이 나를 맞아 주었어.

"여기서 밥을 먹을게요. 모두 돗자리 펴세요!"

선생님이 크게 외치셨어. 친구들은 돗자리를 펴다가 나를 쳐다보았지. 나는 바닥에 잘 앉지 못하거든. 특히 울퉁불퉁한 풀숲에 앉으면 픽 쓰러지고 말아.

"어떻게 함께 앉지?"

"아!"

두리번거리던 아이들은 의자 높이의 커다란 돌덩이를 발견하곤, 그 위에 돗자리를 깔았어.

"우리는 여기서 같이 먹자!"

아이들이 돌 위에 올라 앉자, 나와 눈높이가 딱 맞았어. 친구들이 서 있을 때는 내가 늘 올려다봐야 하고, 바닥에 앉으면 내려다봐야 했는데 같은 높이에서 밥을 먹을 수 있다니!

아이들은 삼삼오오 모여 도시락을 꺼내 들었어. 나 역시 두근두근하는 마음으로 도시락 뚜껑을 열었지.

"우와, 도시락 정말 멋지다!"

도시락 안에는 귀여운 동물 모양 주먹밥이 들어 있었어. 내가 좋아하는 막대 사탕 모양 샌드위치도 있었지. 아빠가 오늘 아침 직접 만들어 준 도시락이야. 우리 아빠는 요리를 잘하거든. 어깨가 조금 으쓱해졌어.

"나눠 먹을래?"

"나도, 나도!"

아이들은 자기가 싸 온 김밥, 유부초밥, 과일과 내 주먹밥을 한 개씩 바꿔 갔어. 나는 순식간에 인기쟁이가 되었지. 같이 먹는 도시락 시간이 몇 배는 더 즐거워졌어.

이제는 그림을 그릴 시간이야. 배가 빵빵해진 아이들은 각자 짐을 챙겨서 흩어지기 시작했어. 후다닥 짐을 챙겨 따라가 보니, 커다란 언덕이 나왔어. 아이들이 높은 계단 위로 올라가 풍경을 내려다보고 있었지.
"여기서 보니까 잘 보인다!" 하는 말이 들렸어.

 나랑 늘 함께 다니는 우리도 위를 잠시 올려다보았어. 언덕은 많이 가팔라서 계단으로 가지 않으면 안 될 것 같았어. 내 휠체어로는 못 갈 것 같은데, 우리는 혹시 올라가고 싶은 거 아닐까? 나 때문에 가지 못하는 걸까 봐 마음이 쓰이기 시작했지.

 "우리야, 올라가고 싶으면 다녀와. 난 괜찮아."

 우리는 눈동자를 데굴, 굴리다가 말했어.

 "음… 아냐! 우리 조금만 더 구경해 보고 정하자! 나는 다른 애들이랑 똑같은 건 그리기 싫더라~."

 치, 우리가 흘끔흘끔 다른 아이들이 있는 위쪽을 쳐다보는 걸 봤지만 그냥 고개를 끄덕였어. 우리의 마음을 알 것 같았거든.

 나무 데크가 깔린 길을 덜컹덜컹 가다 보니, 테이블이 놓인 그늘막이 나왔어.

 "우린 여기서 하자!" 우리가 말했지.

 "그치만 여기서 뭘 그리지?"

고개를 돌려 주위를 둘러보았어. 탁 트인 풍경은 아니었지만 테이블 주변의 풀들이 우리 키만큼 자라 있었어. 테이블에 앉아 서로를 마주보고 있자니, 내 친구 우리와 뒤쪽 풀들이 참 잘 어울렸지.

"우리는 서로 그려 주기 할까?" 내가 말했어.

"이것도 어쨌든 풍경이니까 괜찮지 않을까?" 하면서 말이야. 우리는 피식 웃으며 그러자고 했어.

우리 둘만 그릴 수 있는 특별한 풍경화가 완성되었어. 나쁘지 않은 체험 학습이었어.

6월 18일 화요일, 체육 시간

내가 피구를 좋아한다고 말했나? 응, 나는 피구를 무척 좋아해! 왜냐면 보디가드 피구를 하는 날이면 나는 에이스가 되거든. 상대 팀이 공을 잡으면, 아이들은 우르르 내 휠체어 뒤로 숨곤 해. 내 휠체어 뒤에 숨으면 아무도 공을 맞을 수 없을걸! 내가 다 지켜 줄 거니까.

그렇게 좋아하는 체육 시간이지만, 어떨 때는 제일 싫은 시간이기도 해. 왜냐고? 대부분의 체육 시간에 난 운동장 벤치에 가만히 앉아 있어야 하거든. 다른 아이들이 체육 활동을 하는 걸 보면서 말이야.

여름에는 쨍쨍 내리쬐는 햇볕 아래에 가만히 앉아 있어서 몸이 흘러내릴 것 같고, 겨울에는 찬바람에 발이 꽁꽁 얼어서 다리가 저릿저릿 아파.

그렇지만 무엇보다 싫은 건 다른 아이들이 뛰고 있는 모습을 가만히 지켜봐야 하는 거야. 나도 잘할 수

있는데. 다른 아이들보다 점수를 내기 조금 더 어렵고, 배우는 게 조금 더 느릴 뿐이지.

그래서 좋아하는 체육 시간인데도 어떨 땐 운동장에 나가기 싫어. 심심하니까.

오늘 체육 시간에는 피구를 하지 않을까 기대하며 친구에게 물었어.

"오늘은 체육 시간에 뭐 해?"

"배드민턴 한대!"

이런, 피구가 아니네. 체육 시간 40분을 어떻게 보내야 할까 고민하고 있는데 선생님께서 배드민턴 채와 셔틀콕이 아닌 다른 물건을 가지고 오셨어. 바로바로 풍선이야!

"오늘은 풍선 배드민턴을 할 거야. 풍선을 떨어뜨리지 않고 오래 주고받으면 되는 경기야. 모두 함께 말이다!" 하며 선생님은 벤치로 향하려는 내 쪽을 보며 일부러 힘을 실어 말씀하셨어. 그러고는 내게 신기한 모양의 채를 건네주셨어. 다른 아이들 것보다 훨씬 가볍고 커다란 채였지. 한 손으로도 무리 없이 들 수 있었어.

'한번 해 볼까…?'

다른 아이들보다 못하면 어떡하지? 이상하게 보이진 않을까? 잠시 고민했지만 곧 채를 쥐었어. 할 수 있을 것 같았거든. 해 보고 싶었어.

"간다!"

나와 짝이 된 사랑이가 노란색 풍선을 하늘로 힘껏 던졌다가 내 쪽으로 세게 쳤어. 원래 배드민턴 공인 셔틀콕과 다르게 풍선은 두둥실 떠올랐다가 네트를 넘어 내 쪽으로 날아왔어. 풍선이 내 앞으로 날아왔을 때, 채를 휘둘러 풍선을 위로 받아쳤어. 커다란 채는 풍선을 퉁 하고 튕겨 냈지.

"쳤다…!"

넘길 수 있을까, 약하게 휘두른 건 아닐까 걱정을 하며, 풍선에서 눈을 뗄 수 없었어. 풍선은 흔들흔들 흔들리다가, 아슬아슬 네트를 넘어갔어.

"넘겼다!"

나는 기뻐서 소리쳤어. 그 이후에도 지칠 줄 모르고 배드민턴을 했어. 이마엔 땀이 송골송골 맺혔지. 내가 운동을 하다 땀을 흘리는 날이 있다니! 사랑이는

"잠깐 쉴까?" 하고는 나를 데리고 벤치로 향했어.

"같이 하니까 더 재밌다. 그치?"

벤치에 있는 내가 신경 쓰여서 종종 아프다고 거짓말을 하고 벤치에서 함께 시간을 보냈던 사랑이도 즐거워 보였어.

체육 시간이 끝나고 사랑이는 선생님께로 쪼르르 달려가 말했어.

"선생님! 다음에는 줄 없는 줄넘기 해요. 우리 다 같이요!"

나는 역시 체육 시간이 좋아. 다음엔 어떤 운동을 배우게 될까?

9월 27일 금요일, 수련회

오늘은 수련회를 가는 날이야. 사실 가기 전부터 걱정이 많았어. 엄마 아빠 없이 다른 곳에서 자는 건 처음이거든. 휠체어로 갈 수 없는 곳이 많을까 봐, 그리고 도움을 받을 사람이 없을까 봐도 걱정했어. 학교에서도 휠체어 탄 아이가 수련회를 간 적이 없다며 걱정하는 것 같았지.

가지 말까 생각도 했지만 난 다른 아이들이 하는 건 다 하고 싶어. 그게 당연한 거니까!

다행히 수련회 동안 도와주실 활동 지원 선생님을 만날 수 있었어. 수련관에 엘리베이터가 없는 것도, 침대가 없는 방인 것도, 샤워실에 휠체어가 없는 것도 조금은 힘들었지만, 친구들과 선생님이 함께한 덕분에 조금 시간이 걸려도 잘 해낼 수 있었어.

하지만 제일 긴장되는 차례가 남아 있었지. 바로 수련회의 꽃, 장기 자랑!

우리 학교는 한 반씩 노래를 정해서 모든 반이 반별 안무 무대를 하는 시간이 있어. 아이들은 번쩍번쩍

한 강당에 모여 조금은 들떠 보였지만 나는 사실 장기 자랑 전부터 마음이 불안했어. 수련회를 가기 두 달 전, 담임 선생님께서 하신 말씀 때문이었어.

담임 선생님은 학교가 끝나고 나를 불러서 조심스럽게 말씀하셨어.

"이번에 수련회 가서 장기 자랑하는 거 말이야… 무대에 올라가는 건 힘들면 안 해도 돼."

선생님은 이런 말씀을 이어 가셨어.

"무대 위는 계단이라 올라가기 어려울 테니까 안 해도 돼.", "춤추기 싫으면 그래도 돼. 친구들이 하는 거 응원해 줘."

선생님은 걱정돼서 하는 말이라고 하셨지만 나는 그러고 싶지 않았어. 어려운지 아닌지, 내게 물어보지 않고 다른 사람이 판단하는 건 싫었거든. 내가 못하는 사람처럼 느껴지기도 하고 말이야. 그리고 나는 친구들과 함께하고 싶었어.

그래서 조금 고민하다가 조심스럽게, 그렇지만 또박또박 말씀드렸어.

"선생님, 저도 같이 춤추고 싶어요. 무대 위로 올라

갈 수 있는 방법을 찾아주세요."

선생님은 조금 놀란 얼굴을 하시더니 꼭 그러겠다고 약속하셨어. 그리고 장기 자랑 시간이 된 거야.

선생님의 약속을 떠올리면서, 그리고 두 달 동안 열심히 준비했던 안무를 되짚으면서 나는 침을 꼴깍 삼켰어.

"다음은 7반의 무대입니다!"라고 힘차게 외치는 사회자의 목소리가 들렸고, 친구들은 한 줄로 서서 무대에 척척 오르기 시작했지.

맨 뒤에서 휠체어를 끌고 뒤따라가면서 나는 침을 연신 꼴깍 삼켰어. '올라가지 못하면 어떡하지?', '내가 계단을 오르는 동안 모두 나만 쳐다보면 어떡해?' 컨트롤러를 잡은 손엔 땀이 줄줄, 속은 울렁, 귀는 둥둥거렸어.

하지만 걱정이 머리를 가득 메우는 것도 잠시, 다시 무대를 올려다보자 교관 선생님들이 무대 계단 앞에서 나를 기다리고 있었어. 아이들이 줄을 맞추고, 무대가 조금 어두워졌을 때 선생님들은 내가 앉은 채로 휠체어를 쑥 들어서 무대 위로 올려 주셨지.

후다닥 내 자리로 들어갔어. 심장이 터질 것 같았어. 무대에 불이 들어왔고, 준비한 대로 열심히 춤을 추었어. 사실 너무 긴장해서인지 어떻게 했는지는 기억이 안 나! 조금은 부끄러웠지만 친구들과 같은 무대에 설 수 있어서 아주 행복했던 기분만 남아 있을 뿐이야.

10월 30일 수요일, 재난 안전 교육

왜앵-! 학교에 별안간 커다란 사이렌 소리가 울려 퍼졌어. 운동장에서는 모락모락 연기도 나고 말이야. 당황할 법도 하지만 아이들은 익숙하다는 듯 차례차례 줄을 서서 복도로 나갔지.

맞아, 재난 안전 교육 시간이었어. 가상으로 재난 상황을 만들어서 아이들에게 진짜 재난이 발생했을 때도 당황하지 않고 침착하게 대피하는 방법을 알려 주는 시간이지.

아주 중요한 시간이지만… 나는 아주 당연하게 짐을 싸서 그냥 자리에 있었어. 인솔하시는 선생님도 "아이들이 많아 혼잡하니까 그냥 교실에 있자."고 말씀하실 뿐이었어.

그도 그럴 것이, 우리는 너무 당연하게 "불이 나면 엘리베이터를 이용하지 말고 계단으로 대피하세요."라고 배우잖아. 그런데 나는 계단으로는 나갈 수 없는걸? 정말 불이 난다면 엘리베이터로 나갈 수 없을 테니, 교육 시간에만 엘리베이터를 이용하는 것도 우스운 일일 거야.

1학년 때부터 지금까지 한번도 교육 시간에 나간 적이 없어서, 나도 이게 당연한 거라고 생각하고 있었어. 아이들이 복도로 모두 빠져나가면, 창틀에 몸을 기대고 목을 주욱 빼서 운동장에 모인 아이들을 구경하곤 했지. 그렇지만 가끔은 이런 생각이 들어.

'정말 학교에 불이 나면 어떡하지?'

생각해 보니 정말 그렇게 된다면, 어떻게 해야 하는지 아는 게 하나도 없었어. 사랑이는 불이 나면 나를 업고 도망쳐 주겠다고 했지만, 나를 구하려다 사랑이가 다치면 정말정말 슬플 거야. 휠체어 탄 아이의 대피 방법은 학교에서 누구도 알지 못하는 걸까?

어떤 방법이 있을까. 곰곰이 생각해 보았어.

일단 누군가가 나를 업고 나가는 방법이 있겠지? 그런데 이런 방법일수록 더 자주 연습을 해 봐야겠다는 생각이 들었어. 나를 데리고 나가다가 너 큰 사고가 날 수도 있을 것 같거든. 미리 나를 데리고 나가기로 약속된 사람이 있다면 그 사람과 연습도 해 봐야 정말 불이 나더라도 덜 당황할 수 있지 않을까? 아니

학교에 정말로 불이 나면 어쩌지?

이건 정말 이상해!

이상해!

그대도 나만 가만히?

면 앉아서도 계단을 내려갈 수 있는 대피용 보조 기기가 있어도 좋을 거야.

설령 대피하지 못했다고 해도, 혼자 내 몸을 지킬 수 있도록 건물에서 가장 안전한 곳을 알려 주면 좋겠다는 생각도 했지. 예를 들어 창문 옆이나 화장실 같은 곳 말이야. 그러면 대피하지 못한 사람들이 있더라도, 소방관 분들이 가장 먼저 그 공간을 수색해서 발견할 수 있잖아.

휴, 대안을 생각하다 보니 더 막막해졌어. 아무것도 아는 게 없으니까! 누구도 나에게 그런 방법을 알려 주지 않았거든. 확실한 건, 나도 대피 훈련을 같이 해 봐야 될 것 같았다는 거야! 오히려 더 많이!

이런저런 생각을 하다 보니 대피 연습을 했던 아이들이 들어왔어. 장난삼아 아이들에게 "나 빼고 혼자 대피하니 좋냐?"라고 말을 걸면서 죽은 척을 했어. 그런데 그 말을 들은 인솔 선생님의 표정이 좋지 않으셨어. 수업이 다 끝나고, 선생님이 나를 부르셨지.

"대피 훈련 때 데리고 나가지 못해 미안해."

어라? 처음 들어 보는 말이라 조금 당황해서 눈을 깜빡였어. 내가 대피 훈련 때 나가지 않는 것을 모두 당연하게 생각했었거든. 선생님들도 마찬가지였지. 심지어는 나도 그게 당연하다고 생각했는지 몰라.

선생님의 표정이 너무 진지해서, 그냥 고개를 끄덕일 수밖에 없었어. 선생님은 사과를 한 뒤에도, 나도 똑같은 학생인데 함께 대피하지 못한 것, 휠체어 탄 학생의 대피 방법을 알아보지 않은 것, 교실에 혼자 남겨 둔 것 등 여러 가지 이야기를 하시며 미안하다는 말씀을 덧붙이셨어.

그리고 여러 가지 설명도 해 주셨지. 건물의 엘리베이터는 화재 시에도 작동되는 비상용 엘리베이터와 일반 엘리베이터가 있는데, 일반 엘리베이터는 건

물에 불이 나면 자동으로 멈추게 되어 있대. 선생님은 우리 학교의 엘리베이터가 어떤 종류의 엘리베이터인지, 만약 일반 엘리베이터라면 어떻게 대피해야 하는지 알아보시겠다고 약속했어. 건물에서 가장 안전한 공간은 어디인지, 다른 수업 시간에 재난 상황이 발생하면 어떤 사람이 나와 함께 대피해야 하는지도 모든 선생님들과 의논해 보시겠다고 했지.

"너무 당연하게 너를 남겨 둬서 미안해. 선생님도 열심히 공부해 볼게."

선생님은 이 말을 끝으로 집에 가도 된다고 하셨어. 조금 당황했지만, 선생님의 따뜻한 말을 들으니 기쁘기도 하고, 가슴이 울렁거리기도 했어.

어쩌면 나도 대피하지 않는 것이 '당연'하다고 생각했는지 몰라. 다른 친구들보다는 안 해도 된다고, 못해도 어쩔 수 없는 것들이 많다고 생각했는지도 모르지. 하지만 어떤 사람이든 간에 덜 하고 덜 받는 게 당연한 사람은 없잖아. 그걸 다시 한번 알 수 있어서, 그리고 나만 고민하는 것이 아닌 걸 알게 되어서 기쁜 날이었어. 오늘은 오래도록 기억날 것 같아.

이것들 말고도 일기에 적어 둔 고민과 일들은 아주 많아. 나는 어떨 때는 당황도 하고, 그렇지만 또 여러 가지 방법으로 이겨도 내지.

너의 학교생활과 같은 건 있어? 다른 건?

어쩌면 너의 일상에서는 보지 못했던 것들을 많이 발견했을지도 몰라. 모두 같은 학교생활을 하는 것 같지만, 그 속에서 다른 경험을 하는 사람들은 아주 많아.

물론, 경험해 보지 못하면 발견하기 어려운 것들이 있지. 하지만 그렇다 해도 다른 경험이 있음을 모른 체하면 안 돼. 나에겐 당연했던 것들이 왜 누군가에게는 어려웠는지 생각해 보자. 그런 것들을 눈치채기 시작할 때, 새롭게 바꿀 방법을 알아볼 때, 또는 우리 이외의 다른 사람한테 적극적으로 개선을 요구했을 때 바꿀 수 있는 것들도 있을 거야.

나는 앞으로도 다른 친구들이 하는 것들은 모두 다 해 보고 싶어. 이건 욕심이 아니라 당연한 거지. 그러려면 어떤 것들이 더 바뀌어야 할까? 우리는 또 어떤 방법들을 찾아낼 수 있을까?

나는 여섯 살 때부터 휠체어를 타기 시작했는데, 4학년이 되어 처음으로 휠체어에 전동 모터를 달았어. 수동 휠체어는 누군가가 나를 밀어 줘야지만 움직일 수 있었지만, 전동 모터를 달고 나니 내 마음대로 슝슝 휠체어를 타고 움직일 수 있게 되었어.

무엇보다 좋은 건 나와 함께 걷는 사람들의 얼굴을 보면서 걸을 수 있다는 거야. 누가 날 밀어 줄 때는 나는 앞밖에 볼 수 없고, 그 사람은 내 뒷통수밖에는 볼 수 없거든. 자연스레 대화는 끊기고 이동하는 시간은 각자의 시간이 돼. 그런데 이제는 서로 조잘조잘 떠들면서 길을 갈 수 있게 된 거야!

혼자서 원하는 곳으로 갈 수 있다는 게 정말 신기하고 재미있었어. 엄청나게 용감한 모험가가 된 기분이었거든.

혼자 할 수 있는 것들을 발견하는 순간들이 소중해. 예를 들면 무거운 책 열 권 옮기기, 복도의 끝과 끝 30초만에 달리기, 혼자

문구점에 다녀오기….

다른 친구들보다는 늦었을 수도 있지만, 지금이라도 더 많이 발견하고 더 많이 돌아다니면 돼. 오히려 처음 하는 것들이 많은 게 좋을지도 몰라. 오래 반복해서 하면 무뎌지지만, 처음 하는 것들은 늘 설레잖아.

그런데 혼자 다니기 시작하니까, 더 많은 것들이 보이기 시작했어. 혼자서는 들어갈 수 없는 가게들이 엄청나게 많다는 것을 알게 되었고, 탈 수 있는 대중교통이 너무나 적다는 것을 알게 되었고, 갈 수 있는 화장실이 없다는 것도 알게 되었지.

먹고, 이동하고, 싸는 건 너무 중요한 일들인데, 왜 휠체어를 타면 이렇게 어려워지는 게 많은 걸까? 바깥에서 마주한 내 이야기를 들려줄게.

어느 날, 혼자 하교해 보고 싶다는 생각이 들었어(사실 엄마 몰래 친구들과 더 놀고 싶었거든!). 친구들은 자주 가는 분식집이 있다면서, 같이 가겠냐고 물었어. 눈을 빛내며 그러겠다고 했지.

황급히 엄마한테 '오늘은 혼자 집에 가 볼게요!'라고 메시지를 보냈어. 엄마가 걱정하며 답장을 보내오셨지만, 걱정하지 말라고 다시 답장을 보냈어. 선글라스를 낀 이모티콘을 보내는 것도 잊지 않았지.

혼자 하교하는 것도, 친구들이랑만 어디에 가는 것도 처음이었어! 친구들에게는 별일 아닌 것처럼 보였지만, 나는 아주 설레는 마음이었지. 콧노래를 부르며

친구들과 함께 걷는 하굣길은 어째서인지 훨씬 더 재미있는 길인 것 같았어.

떠들다 보니 어느새 분식집 앞에 도착했어. 그런데 먼저 후다닥 달려간 친구들이 곤란하다는 듯이 멈춰 섰어. 무슨 일인가 싶어서 얼른 친구들을 따라갔지.

"어라, 여기에 문턱이 있네…."

"있는 줄 몰랐어."

친구들의 말에 문을 보니, 꽤 높은 턱 하나가 있었어. 평소에는 후다닥 분식집 안으로 뛰어드는 친구들이라 문턱이 있다는 걸 미처 눈치채지 못했나 봐. 친구들은 조금 미안해하는 것 같았어. 나도 덩달아 조금 머쓱해졌지.

어쩌지, 돌아갈까 생각하다가, 평소 큰 턱을 만났을 때 아빠가 휠체어를 밀어 주셨던 방법을 생각해 냈어. 침착하게 아이들에게 부탁을 했지.

"얘들아, 한 명이 뒤에서 휠체어 손잡이를 아래로 세게 눌러 줄래? 그러면 앞바퀴가 들려서 문턱을 지나갈 수 있을 것 같아."

친구들은 고개를 끄덕이며 휠체어 뒤로 갔어. 그리고 제일 힘이 센 사랑이가 손잡이를 밑으로 눌렀지. 앞에서는 우리가 휠체어의 발판 쪽을 손으로 잡고 들어 올렸어. 휠체어가 기울어지면서, 보조 바퀴가 무사히 턱 위로 올라갔어.

"영차!"

힘을 내어 우리가 휠체어를 들어 올리자, 휠체어는 무사히 안으로 들어갈 수 있었어. 아주 손발이 잘 맞

앉지. 난 안도의 한숨을 내쉬었어.

"와아-! 됐다!"

"얘들아, 고마워."

가게 사장님은 우당탕탕 들어온 우리를 보고 조금 당황하시는 것 같았지만, 곧 이렇게 물으셨어.

"휠체어 들어갈 수 있게 의자 하나 빼 줄까요?"

"네, 감사합니다."

사장님이 식탁 의자를 하나 빼 주신 자리로 쏙 들어가 다른 친구들과 둘러앉았어. 곧 김이 모락모락 올라오는 떡볶이가 나왔지. 몇 번 먹어 본 적 있는 떡볶이였지만 엄마 없이 하교해서 친구들이랑만 먹는 떡볶이 맛은 뭔가 다른 것 같았어.

'하교할 때마다 와서 먹고 싶다!' 이런 생각도 들었지. 물론 친구들이 있었기 때문에 들어올 수 있었지만. '늘 친구들이랑 다닐 수는 없을 텐데, 혼자일 때 이런 일이 있으면 어떡하지?' 주변을 둘러보니, 휠체어가 들어오기엔 가게가 좁아 보이기도 했어. 모든 가게가 휠체어가 들어올 수 있도록 경사로가 있고, 넓으면 얼마나 좋을까?

그래도 고생 끝에 먹는 떡볶이는 맛있었어. 내 마음속에서 고개를 드는 걱정을 뒤로 하고 맛있게 떡볶이를 삼켰지. 평소보다 훨씬 더 많이 먹은 것 같아.

친구들과 시간 가는 줄도 모르고 수다도 떨었어. 활동 지원 선생님이나 엄마가 기다리고 계시면 그럴 수 없거든. 한 시간이 넘게 흘렀는데도 우리의 이야기는 멈출 줄 몰랐지.

"아, 나 이제 학원 가야 해!"

"우리도 슬슬 나갈까?"

떠들다가 핸드폰을 확인한 사랑이가 화들짝 놀라 일어섰어. 사랑이는 분식집 옆 학원에 다니는데, 학원 시간이 다 된 줄도 모르고 이야기를 했던 거야. 같이 있던 우리도 버스를 타고 집에 간대.

나는 또 당황하고 말았어. 혼자 하교한다는 생각에 들떠서, 집에 갈 생각까진 하지 못한 거야!

일단 집에 간다는 우리의 뒤를 따라갔어. 우리와 나는 같은 아파트 단지에 살거든. 초록색 마을버스가 도착하고 버스의 문이 열렸을 때 우리는 또 곤란한 표정을 지었어.

"어떡하지…? 이 버스에는 계단밖에 없어."

"괜찮아, 먼저 집에 가! 나는 엄마한테 전화할게."

"…알겠어. 집 가서 연락해~!"

안 좋은 표정의 우리에게 손을 흔들고 나서 애써 괜찮은 척 길가 한구석에 가서 곰곰이 생각했어. 오늘은 혼자 집에 가겠으니 날 찾지 말라고 엄마한테 아주 멋진 척을 한 날이었잖아.

"음… 음음, 음."

머릿속으로 차를 타고 학교에 오던 길을 되짚으며, 우리 집까지 가는 길을 생각해 냈어. 차로 5분 거리니까 갈 수 있을 것 같았어. 창문 너머로 길도 다 봤다구. 휠체어 배터리도 아직 많이 남아 있었어.

"좋아, 가 보자."

엄마에게 '엄마, 지금 집에 가요! 조금 이따 봐요!'라는 문자를 남기고서, 휠체어에 다시 단단히 앉았어. 안전벨트도 쭉 조이고 나서, 비장하게 손목도 스트레칭했지. 집 가는 게 뭘 이렇게까지 비장하게 할 일이냐 싶겠지만, 나한테는 처음인걸. 누구나 처음에는 긴장하는 법이잖아.

차로 늘 오갔던 길을 되짚으며 조심스레 휠체어를 운전했어. 눈을 바닥에 고정하고 말이야. 방심하고 있으면 거리에서 울퉁불퉁한 콘크리트와 높은 턱이 튀어나와 나를 깜짝깜짝 놀라게 하거든. 휠체어 보조 바퀴가 탁 걸려서 넘어질 수도 있고 턱에 부딪혀 허리가 아플 수도 있으니 바닥을 잘 관찰해야 해.

한참 바닥만 보면서 달리다가, 잠시 허리를 펴서 하늘을 바라보았어. 거리는 어느새 어둑어둑해지고 있었어.

'나는 도착했어. 잘 들어가고 있어?'

우리한테서 문자가 왔어. 나는 '아직! 근데 갈 만해!'라는 답장을 남기고 다시 핸드폰을 떨어지지 않게 꼭꼭 챙겼어.

붉어진 하늘 밑을 걸으면서, 아니 구르면서 생각에 잠겼어. 휠체어를 타고 구르는 시간은 딴 생각하기 딱 좋은 시간이거든.

왜 똑같이 즐겁게 놀고 집에 돌아가는데 누구는 훨씬 더 많은 시간을 써야 할까? 버스는 '대중교통'이라고 배웠는데, '대중'은 모든 사람을 뜻하는 것 아닌가? 누구는 그 대중에 속하지 않는 것일까? 모든 사람이 편하게 이동하려면 어떤 것들이 필요할까?

이런저런 의문점이 고개를 들고 튀어나왔어. 어떤

것은 나 혼자 답을 못 내릴 것 같기도 했어. 이런 고민을 나누고 서로 답을 해 주는 곳이 많으면 얼마나 좋을까? 고민하는 사람이 많아질 때, 그 고민을 나누고 해결할 방법을 함께 고민할 때 더 많은 것을 바꿀 수 있을 것 같거든.

어느새 집이 보였어. 엄마가 걱정되셨는지 아파트 마당에 나와 계셨어.

"엄마!"

엄마는 나를 꼭 안아 주면서, 혼자 돌아왔냐고 물었어. 나는 자랑스럽게 고개를 끄덕였지.

앞으로도 내 모험은 계속될 거야.

지하철을 생각하면 나는 모험을 하는 탐험가가 된 기분이 들어. 출구가 여덟 개나 되지만 엘리베이터는 하나밖에 없는 탓에 이리저리 빙빙 헤매야 하고, 열차와 승강장 사이 넓은 틈은 마치 휠체어 앞바퀴를 집어삼키는 괴수 같지.

버스를 생각하면 마치 유명한 사람이 된 것 같은 기분이 들어. 휠체어가 탈 수 있게 해 주는 리프트를 작동시킬 때면 모두 나를 쳐다보거든.

언제쯤 가슴이 콩닥거리지 않고도 혼자 자유롭게 돌아다닐 수 있을까? 누군가는 이런 어려움을 겪는 내게 "얼른 걷게 되면 좋겠다."라고 말해. 하지만 혹시 걷게 되는 날이 오더라도, 그 전에, 지금의 나 그대로 자유롭게 이동하고 싶어.

어쩌면 내 어려움은 휠체어 탓이 아니라, 휠체어는 이동할 수 없게 만들어진 세상의 많은 것들 때문이 아닐까? 어떤 모습을 하든,

어떤 상황에 있든 모두 편한 세상이면 좋을 텐데 말이야. 스르륵 내려가서 유아차도 휠체어도 탈 수 있는 버스, 커다란 트렁크가 있는 일반 택시를 상상해 봤어.

그런 세상이 오려면 어떤 것부터 바꿔야 할까? 나랑 같이 생각해 줄래?

내 삶은 그렇지 않아요

👍 👎 답글

○ 자기일처럼 도와주신
시민여러분들 존경합니다!!! 🖤🖤
👍58 👎 답글

휠체어를
짐을 떨

\# 휠체어

쉬는 시간에 너는 뭘 하니? 나는 우리집 강아지의 목줄을 직접 잡고 산책을 하거나(전동 휠체어로 바꾸기 전에는 이러지 못했거든.), 집 앞 도서관에 가기도 해.

요즘은 핸드폰으로 영상을 보는 것에 빠졌어. 너도 영상을 보는 걸 좋아하니? 나는 엄청 좋아해서, 직접 영상을 찍고 편집해서 인터넷에 올리기도 해. 핸드폰을 줄이라고 엄마한테 혼나곤 하지만, 쉽사리 그만 보기가 어렵다니까.

짧은 동영상을 많이 보지만, 가끔은 긴 영상들도 봐. 그런데 어느 날은 눈길을 끄는 영상이 있어서 눌러 보게 되었어. 영상의 섬네일에는 휠체어를 탄 사람이 있었지. 원래 잘 보는 채널은 아니었는데, 나도 모르게 비슷한 사람을 보니 눌러 보게 된 것 같아. 어떤 이야기가 나올까? 궁금하기도 했지.

영상은 도움이 필요한 장애인을 본 시민들의 모습을 찍는 실험 카메라였어. 영상 속 사람은 연기자였는데, 휠체어를 타고 무릎 위에 여러 가지 무거운 짐을 올려 놓고 가다가 중간에 그 짐을 모두 와르르 떨어뜨려 버렸지. 주변에 있는 사람들이 그 모습을 보고 너도나도 하나둘씩 짐을 들어서 다시 영상 속 주인공에게 건네주었어.

그런데 나는 그 영상을 보다가 얼굴이 빨개져 버리고 말았어. 왜 그랬을까?

혹시 장애인의 날이 언제인지 아니? 바로 4월 20일이야. 해마다 장애인의 날이 되면, 우리 학교에서는 영상을 보거나 학습지를 풀어. 지난 장애인의 날에는 장애인 인식 개선 영상을 보여 줬어.

조금 오래된 그 영상에서는 장애인 손님이 가게에 들어갔다가 여러 차별을 겪는 모습이 나왔어. 가게 사장님들은 카메라가 있는 줄도 모르고 매몰차게 장애인 손님을 거부하곤 했지. 여러 상처가 되는 말을 하면서 말이야.

장애인들은 이런 차별을 종종 겪는다는 메시지를 주는 영상이겠지만, 나는 그게 나한테 하는 말 같아서 보기가 힘들었어. 장애 학생은 이 수업을 안 듣는 게 아닐 텐데, 이 영상들은 장애 학생이 본다는 생각은 못 한 것 같아.

휠체어를 타고 무릎 위에 여러 가지 무거운 짐을 올려놓고 가다가 다 쏟아 버린 사람의 영상도 마찬가지야. 나도 언젠가 무거운 책들을 옮기려다가 그걸 몽땅 쏟아 버린 적이 있거든. 하필 아이들이 많은 복도 한복판이어서, 모든 아이들이 나를 쳐다봤어. 주변 친구들이 나서서 책을 주워 주었지만, 너무 부끄럽고 당황스러워서 고맙다는 인사도 제대로 하지 못했지.

영상의 댓글에는 짐을 선뜻 주워 준 사람들이 참 대단하고, 이 세상이 아름답다는 이야기들이 줄을 이었어. 나도 고개를 끄덕였지. 내 짐을 주워 준 친구들이 없었다면 난 아주 곤란했을 거야. 그런데 다른 궁금증도 함께 들기 시작했어. '영상 속에서 책을 자꾸만 떨어뜨려야 했던 출연자는 나처럼 부끄럽지 않았을까?'

왜 장애인이 등장하는 영상들은 대개 슬프고 화가 날까? 나도 슬픈 때가 있고, 화가 나는 때도 있지만 늘 그렇지만은 않거든. 즐겁고 재미있는 순간들도 많은데, 왜 그런 장면으로는 영상을 만들지 않을까?

더 다양한 모습을 볼 수 있으면 좋겠어. 장애를 가진 어른들의 모습도 궁금해. 드라마에 나와 연기하는 모습 말고, 진짜 장애를 가진 어른들은 어떻게 살고 있을지 전혀 모르겠단 말야.

그렇지만 요즘 반가운 것이 있다면, 내가 보는 짧은 영상들이 올라오는 플랫폼에 다양한 장애를 가진 사람들이 자신의 모습을 더 많이 보여 주고 있다는 거야. 휠체어를 타고 모델이 되어 보는 사람부터, 시각 장애인 화가, 팔 한쪽이 없는 운동 선수 등 여러 사람이 자신의 이야기를 거침없이 보여 줘.

그런 영상들을 보면, 나도 용기가 생기는 것 같아. 슬프고 화나는 영상만 볼 때는 같이 기운이 없어지는 것 같았는데, 다양한 직업을 가진, 장애를 가진 어른들을 보니 나도 얼른 커서 멋진 일들을 하고 싶었어. 어려울 거라고 생각했던 일들도 척척 해내는 사람들을 보니 괜히 겁을 먹고 있던 건 아닐까 하는 용기도 얻었어.

제일 관심 있게 보는 영상은 휠체어 위에서 춤을 추는 언니들 영상, 휠체어를 타고 다양한 기술을 선보이는 영상 그리고 휠체어를 예쁘게 변신시키는 영상이야. 다리 안무를 최소화하는 대신 팔 움직임과 휠체어 바퀴 기술을 사용하는 모습을 따라해 보기도 하고, 휠체어 앞바퀴를 들어 높은 턱을 넘어갈 수 있도록 하는 '휠라이'라는 기술을 연습해 보기도 해. 뒤로 쿵 넘어진 적도 있지만 원래 멋진 기술들은 다치면서 배우는 거지!

영상 덕분에 벌어진 멋진 순간들 중 하나는, 함께 영상을 보던 아빠가 예쁜 휠체어 방석을 만들어 주신 거야.

어느 주말, 텔레비전에 핸드폰을 연결해서 다양한 휠체어를 가진 사람의 영상을 보고 있을 때였어. 다 같은 휠체어인 줄 알았는데, 어떤 건 커버가 알록달록했고, 어떤 건 휠체어 프레임의 색이 다양했지. 처음 휠체어를 고를 때 좋아하는 색의 프레임을 선택했던 기억이 나서, 영상을 집중해서 보고 있었어.

그런데 함께 영상을 보던 아빠가 갑자기 내 휠체어 방석을 가져가시더니 방 안에서 뭔가 만들기 시작했어. 얼마 지나지 않아, 아빠는 기대된다는 표정으로 다시 거실로 나오셨지.

"짠, 어때?"

아빠가 불쑥 내민 손에는 하늘색 체크무늬 방석이 들려 있었어. 우와! 잠깐 못 알아볼 뻔했지만 그건 원래는 까만 내 휠체어 방석이었어. 휠체어 프레임이 하늘색인데, 아빠가 그 색과 비슷하게 만드신 거야.

"우와!"

방석을 받아 든 내가 활짝 웃자, 아빠는 힘이 생겼다는 듯 휠체어 등받이의 크기를 줄자로 슥슥 재시더니 다시 방 안으로 들어가셨어.

이번엔 시간이 좀 더 걸린다 싶었는데… 방석하고 똑같은 색의 휠체어 등받이가 등장했어. 나는 빨리 휠체어에 덧대어 보자고 보챘지.

짠! 완성된 휠체어는 칙칙한 검은색은 사라지고 하늘색의 보송보송한 천이 덮인 휠체어가 되었어. 세상에 하나뿐인 나만의 하늘색 휠체어가 탄생한 거야!

별거 아닌 것 같았지만, 어렸을 때부터 탄 검은색 휠체어가 화사하게 변하니 너무 좋았어. 얼른 친구들에게 보여 주고 싶다고 생각했지. 하늘색이랑 잘 어울리는 파란색 원피스도 오랜만에 꺼내 보았어. 내일 입고 갈 거야. 마음이 간질거렸어.

다음 날 학교에 갔더니, 아이들이 너도나도 한마디씩 하기 시작했어.

"뭔가 바뀌었는데?"

"휠체어랑 깔맞춤이네?"

"휠체어에도 옷을 입힐 수 있네!"

어떤 친구는 하늘색 보석 스티커를 가져와 휠체어 컨트롤러에 붙여 줬어.

그냥 커버를 바꿨을 뿐인데, 기분이 훨씬 좋아졌어. 검색해 보니, 휠체어 옷을 만드는 방법 말고도 다양한 방법으로 휠체어 꾸미기를 할 수 있었어. 바퀴에 커다란 그림을 달고 다닐 수도 있고, 스티커를 붙일 수도 있었지. 손잡이에 키링을 걸 수도 있고 말이야.

그렇게 멋지게 장식된 휠체어로 모델 활동을 하는 사람도 있었어. 내가 모델이 되면 어떨까? 상상의 나래를 펼쳐 보기도 했지. 상상 속에서 나는 유명한 패션쇼에서 워킹… 아니, 굴러도 보고, 레드 카펫에도 서고, 유명한 배우와 연기를 펼치기도 했어. 영상을 보기 전에는 상상하기 어려운 것들이었지. 진짜 그런 사람들이 있다는 걸 알고 나니까, 나도 해 볼 수 있겠다는 생각이 늘었어.

휠체어를 타고 재미있게 일상을 보낼 수 있는 더 많은 방법을 알고 싶어. 다채롭게 즐거울 수 있도록 말이야.

새롭게 본 영상 덕분에 놀라운 경험을 했어. 새로운 취미도 생기고, 아빠가 만들어 주신 휠체어 옷 덕분에 그날 하루 아주 인기쟁이가 되기도 했지.

마음이 불편해지거나 부끄러워 얼굴이 빨개지는 영상 말고, 용기와 힘을 주는 영상이 늘어났으면 좋겠어. 너도 할 수 있다고, 이렇게 해 보라고 말하는 영상들 말이야.

직접 좋은 영상을 만드는 것도 도움이 될 거야. '어라, 유튜버를 해 볼까?' 그런 생각이 들어서 키득거렸어.

유튜버가 된다면, 세상 여러 곳을 다니는 여행 유튜버가 되고 싶어. 휠체어를 타고 다니면서 어느 나라가 여행하기 좋았는지, 어떻게 다니면 휠체어로 편한 여행을 할 수 있는지 알려 주는 거지!

카메라를 들고 세상을 누비는 내 모습을 상상하니 가슴이 두근거렸어. 나는 또 어떤 사람이 될 수 있을까?

여러 이야기를 꺼내다 보니 벌써 시간이 이렇게 되었네!

이야기들을 따라오면서 나를 조금 더 잘 알게 되었니? 처음에 인사를 건넸을 때 기억나? 그때의 상상과 지금은 어때?

나는 여전히 같아. 체육을 더 좋아하게 되었고, 소중한 친구들이 있고, 모험심이 강하고, 가끔은 걱정이 많기도 하지만 용기 있게 방법을 찾아내기도 하지. 그리고…

휠체어를 타고 있어!

이 특징은 내 일상의 많은 부분을 다른 친구들과는 다르게 바꿔 놓아. 어떨 땐 나를 부르는 이름이 나쁘게 사용되는 걸 듣기도 하고, 아이들과 줄을 서서 가다가도 돌아가야 하는 일이 생기기도 하고, 밥을 따로 먹어야 하기도 하고, 체육 시간에 마냥 기다리기도 하고, 장기 자랑 전에 큰 고민에 빠지기도 하지.

하지만 새로운 운동 방법을 배우기도 하고, 예상치 못하게 소중한 마음을 전달받기도 하고, 재미있는 영상을 보고 따라해 보기도 하고, 새로운 꿈이 생기기도 하고, 세상을 바꿀 아이디어를 떠올리기도 해.

어쩌면 휠체어를 타고 다닌다는 건, 이런저런 다양한 이야기보따리가 왕창 생기는 일인 것 같기도 해. 누군가에겐 그냥 슥 지나칠 수 있는 일들이 하나하나 눈에 보이거든. 어떨 때는 이게 귀찮고 싫기도 하지만, 나만의 특별한 이야깃거리들이 많이 생긴다는 건 또 신나기도 한 것 같아.

휠체어를 탄다는 것 말고도, 우리는 모두 다르니까 각자의 렌즈를 끼고 세상을 마주하지. 그래서 서로 이야기를 나누다 보면 신기한 것들을 많이 발견할 수 있을 거야. 나한테는 너무 당연해서 그냥 지나치는 것들을 다시 생각해 볼 수 있거든. 같은 생각을 가진 사람을 만날 수도 있고.

평범한 순간에서 새로운 이야기를 찾아내는 건 놀라운 힘이야! 내 이야기를 들은 너도 그런 힘을 가지게 되었을 거야.

그냥 지나치던 일상에서 한 번씩만 나를 떠올려 줄래? 예를 들어,

모두 똑같은 의자에 앉는 교실에서나,

체육 수업을 들을 때,

계단밖에 없는 수련관에 도착했을 때,

청소 도구로 가득 찬 장애인 화장실을 보았을 때,

늘 북적이는 지하철 엘리베이터를 볼 때,

빠르게 출발해 버리는 버스를 탈 때 말이야.

'휠체어를 탄 내 친구와 함께하기 위해서는 무엇을 해야 할까?'라고 고민해 봐. 당연했던 세상이 진혀 당연하지 않게 보일 거야. 어딘가는 얼른 바뀌어야 할 거고, 어떤 건 아주 잘못되어 있겠지.

세상을 바꾸는 건 어려운 일이 아니야. 낯선 것을

눈치채는 순간부터 세상은 바뀌기 시작하거든. 말 습관을 하나 바꾸는 것부터, 수업의 방식을 건의해 보는 것, 심지어 누군가와 친구가 되는 것 하나도 세상을 바꾸는 방법이 될 수 있어.

더 다양한 경험을 가진 사람들이 편하게 자신의 이야기를 함께 나눌 수 있다면 얼마나 좋을까? 더 편히 나와서 이야기할 수 있게 되면, 또 그 이야기들이 세상을 바꿀 수도 있을 거야.

와글와글하게 이야기가 차 있는 세계가 궁금해. 그리고 네 이야기도 더 듣고 싶어.

그럼, 다시 한번 안녕! 우리, 좋은 친구가 되어 보자!

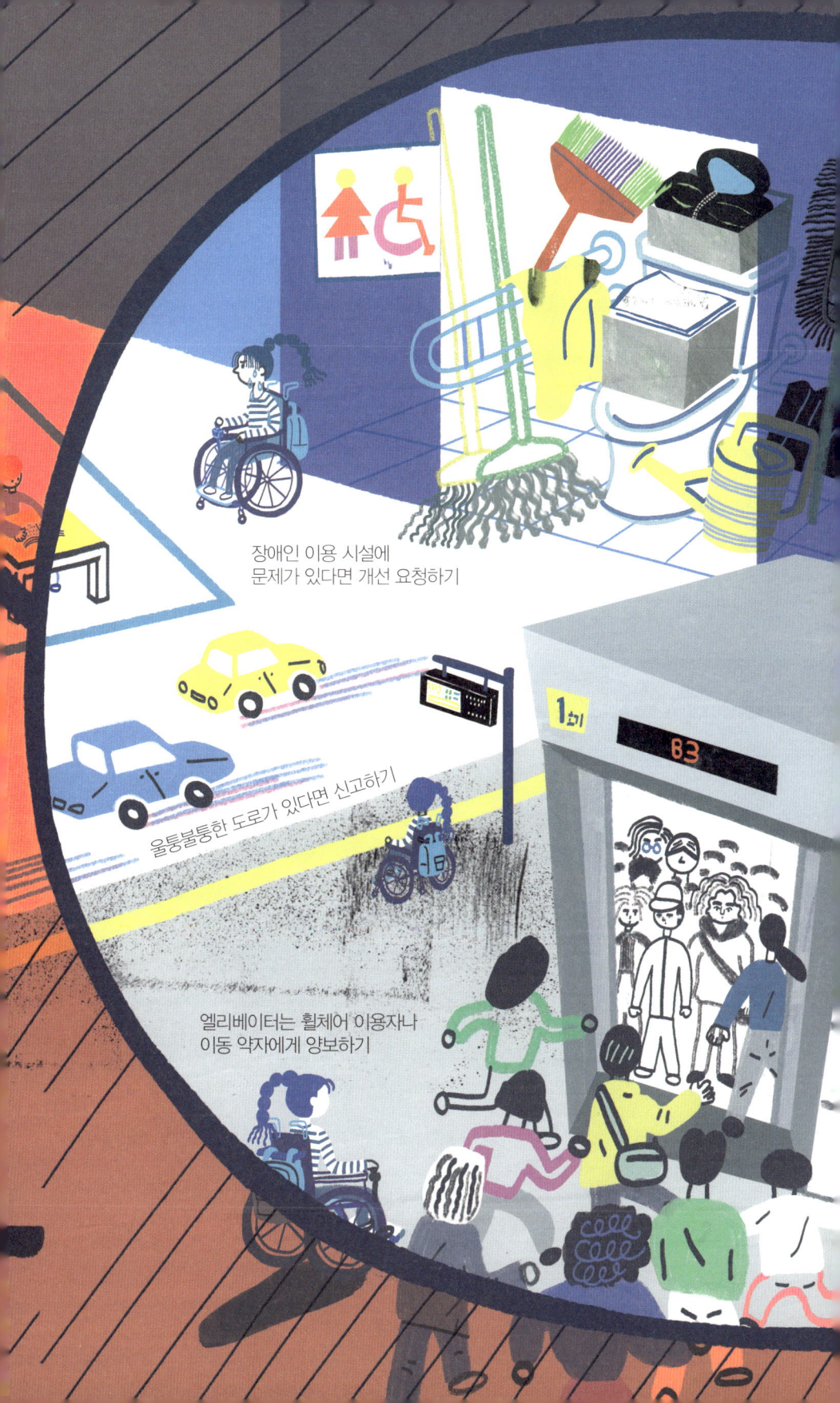

| 작가의 말 |

이 책을 열한 살이었던 지우에게 바칩니다.

사실 이 모든 글은 작가인 저의 이야기이기도 합니다. 글 속의 '나'는 어린 시절의 '김지우'입니다. 조금 다른 점이 있다면, 그때의 '김지우'보다 글 속의 '나'는 훨씬 더 용감하고 씩씩한 어린이라는 것입니다. 그때 했으면 좋았을걸, 그때 있었으면 좋았을걸, 그때 이렇게 말했다면 좋았을걸 하는 어린 시절 나를 돌보는 마음을 가지고 글을 썼습니다.

그때의 나는 나와 비슷한 사람들을 찾고 싶어 안달이 난, 조금 외로운 아이였습니다. 나의 장애는 틀린 게 아니라 다른 것이라는 것을 아주 잘 알면서도, 한편으로는 그냥 다른 아이들과 같았으면 하는 마음을 가진 그런 아이요.

글 속의 '니'는 그런 다름이 다채로움임을 아는 현명하고 세심한 아이입니다. 소중한 친구들과 여러 멘토들을 '나'에게 만들어 주면서, 지금의 수많은 '나'들은 조금 덜 외롭고 더 행복하길 바랐습니다.

조금 더 많은 어린이들이 자신의 다름을 편히 받아들일 수 있으면 좋겠습니다. 세상과 불화하는 수많은 순간들을 나의 다름 탓으로 돌리지 않았으면 좋겠습니다. 세상의 기준에 자신을 끼워맞추는 사람이 아니라, 나 그 자체로도 살아갈 수 있는 세상을 상상하는 힘을 가졌으면 좋겠습니다. 휠체어를 타고 갈 수 없는 길들과 버스를 보면서, 좌절하거나 뒤돌지 않고 '모든 곳을 잇는 경사로'나 '스르륵 내려가서 유아차도 휠체어도 탈 수 있는 버스'를 상상하는 이야기 속의 '나'처럼요.

그런 상상이 모이면, 저는 정말로, 당연히, 세상이 바뀔 수 있다고 믿습니다.

김지우

오늘도 구르는 중

초판 1쇄 발행 2024년 2월 28일 | 초판 4쇄 발행 2025년 1월 24일
글쓴이 김지우 | 그린이 이해정
펴낸이 홍석 | 이사 홍성우
편집부장 이정은 | 편집 조유진 | 디자인 권영은 · 김영주
마케팅 이송희 · 김민경 | 제작 홍보람 | 관리 최우리 · 정원경 · 조영행
펴낸곳 도서출판 풀빛 | 등록 1979년 3월 6일 제2021-000055호 | 제조국 대한민국 | 사용연령 8세 이상
주소 서울특별시 강서구 양천로 583 우림블루나인 A동 21층 2110호
전화 02-363-5995(영업) 02-362-8900(편집) | 팩스 070-4275-0445
전자우편 kids@pulbit.co.kr | 홈페이지 www.pulbit.co.kr | 블로그 blog.naver.com/pulbitbooks | 인스타그램 instagram.com/pulbitkids

ISBN 979-11-6172-660-1 73810
ⓒ 김지우, 이해정 2024

*책값은 뒤표지에 표시되어 있습니다.
*종이에 베이거나 긁히지 않도록 조심하세요. 책 모서리가 날카로우니 던지거나 떨어뜨리지 마세요.
*파본이나 잘못된 책은 구입하신 곳에서 바꿔드립니다.

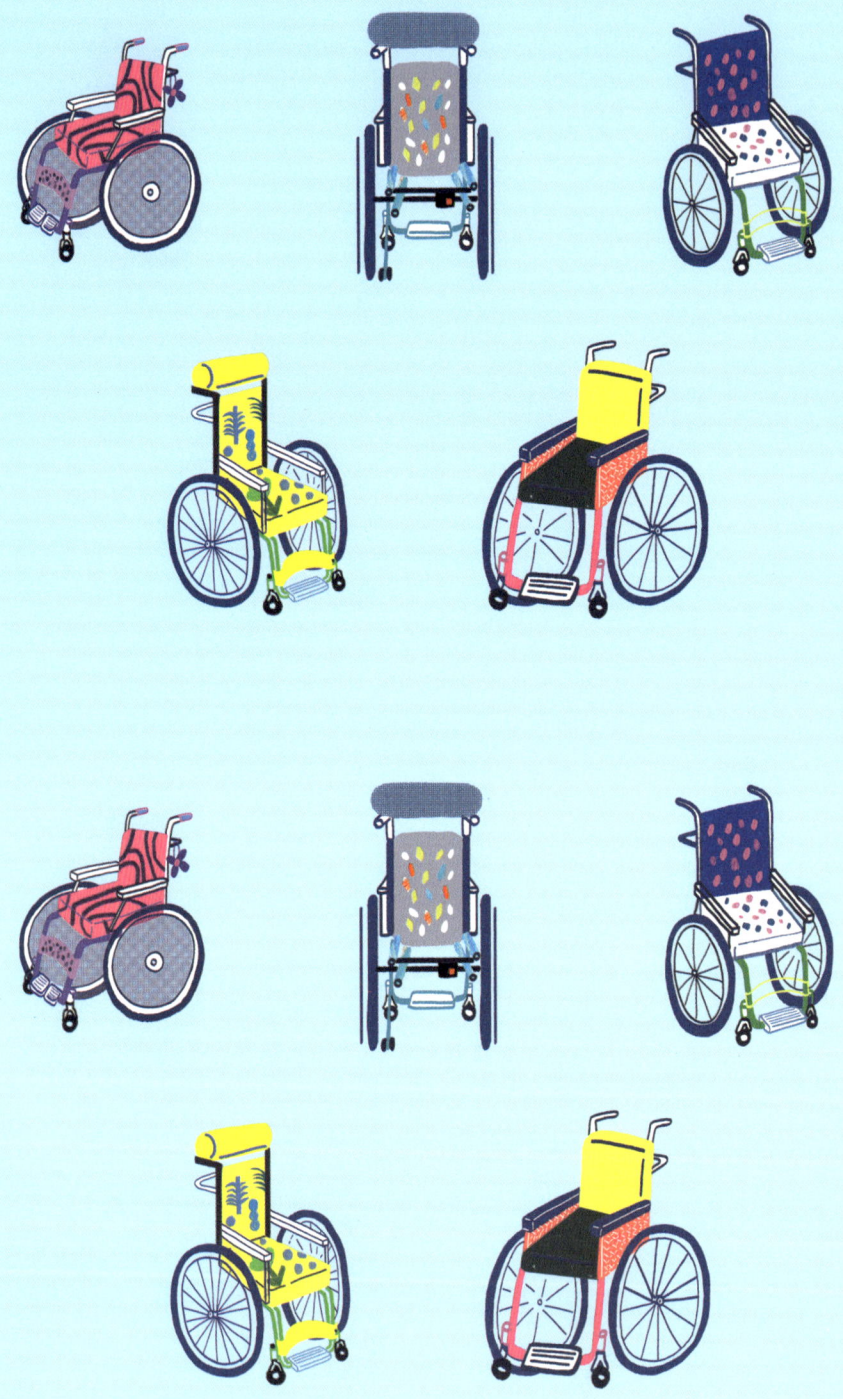